A Collection of Buddhist Chants (In Pali)

A Collection of Buddhist Chants (In Pali)

First Published in Great Britain in 2014 by Jiahu Books – part of Richardson-Prachai Solutions Ltd, 34 Egerton Gate, Milton Keynes, MK5 7HH
ISBN: 978-1-78435-021-5

A CIP catalogue record for this book is available from the British Library
Visit us at: jiahubooks.co.uk

REFUGES AND PRECEPTS

Tisaraṇa 5

Pañcasīla 6

Ājīvaaṭṭhamakasīla 7

HOMAGE

Namakkāraṃ 8

Buddhaguṇavandanā 9

Dhammaguṇavandanā 10

Saṅghaguṇavandanā 11

Devārādhanā 12

AUSPICIOUS AT ALL TIMES

Karaṇīyamettasuttaṁ 13

Mahāmaṅgalasuttaṁ 16

Ratanasuttaṁ 20

Dhammacakkappavattanasuttaṁ 26

IN TIMES OF ILLNESS

Mahākassapattherabojjhaṅgaṁ 37

Mahāmoggallānattherabojjhaṅgaṁ 40

Mahācundattherabojjhaṅgaṁ 43

DURING PREGNANCY

Aṅgulimālaparittaṁ 46

OFFERINGS

Cetiya Vandanā 47

Padīpa Pūjā 48

REFUGES AND PRECEPTS

TISARAṆA

Buddhaṃ saraṇaṃ gacchāmi.

Dhammaṃ saraṇaṃ gacchāmi.

Saṅghaṃ saraṇaṃ gacchāmi.

Dutiyampi buddhaṃ saraṇaṃ gacchāmi.

Dutiyampi dhammaṃ saraṇaṃ gacchāmi.

Dutiyampi saṅghaṃ saraṇaṃ gacchāmi.

Tatiyampi buddhaṃ saraṇaṃ gacchāmi.

Tatiyampi dhammaṃ saraṇaṃ gacchāmi.

Tatiyampi saṅghaṃ saraṇaṃ gacchāmi.

PAÑCASĪLA

Pāṇātipātā veramaṇī-sikkhāpadaṃ samādiyāmi.

Adinnādānā veramaṇī-sikkhāpadaṃ samādiyāmi.

Kāmesu micchācārā veramaṇī-sikkhāpadaṃ samādiyāmi.

Musā-vādā veramaṇī-sikkhāpadaṃ samādiyāmi.

Surā-meraya-majja-pamādaṭṭhānā veramaṇī-sikkhāpadaṃ samādiyāmi.

ĀJĪVAAṬṬHAMAKASĪLA

Pāṇātipātā veramaṇī-sikkhāpadaṃ samādiyāmi.

Adinnādānā veramaṇī-sikkhāpadaṃ samādiyāmi.

Kāmesu micchācārā veramaṇī-sikkhāpadaṃ samādiyāmi.

Musā-vādā veramaṇī-sikkhāpadaṃ samādiyāmi.

Pisuṇā-vācā veramaṇī-sikkhāpadaṃ samādiyāmi.

Pharusā-vācā veramaṇī-sikkhāpadaṃ samādiyāmi.

Samphappalāpā veramaṇī-sikkhāpadaṃ samādiyāmi.

Micchā-ājīvā veramaṇī-sikkhāpadaṃ samādiyāmi.

HOMAGE

NAMAKKĀRAṂ

Namo tassa bhagavato arahatosammā-sambuddhassa.

Namo tassa bhagavato arahatosammā-sambuddhassa.

Namo tassa bhagavato arahatosammā-sambuddhassa.

BUDDHAGUṆAVANDANĀ

Itipi so bhagavā arahaṃ sammā-sambuddho
vijjācaraṇasampanno sugato lokavidū
anuttaro purisa-damma-sārathi
satthā devamanussānaṃ buddho bhagavā"ti

DHAMMAGUṆAVANDANĀ

Svākkhāto bhagavatā dhammo

sandiṭṭhiko akāliko

ehipassiko opanayiko

paccattaṃ veditabbo viññūhi"ti.

SAṄGHAGUṆAVANDANĀ

Supaṭipanno bhagavato sāvaka-saṅgho.

Uju-paṭipanno bhagavato sāvaka-saṅgho.

Ñāya-paṭipanno bhagavato sāvaka-saṅgho.

Sāmīci-paṭipanno bhagavato sāvaka-saṅgho.

Yadidaṃ cattāri purisa-yugāni,

aṭṭha purisa-puggalā,

esa bhagavato sāvaka-saṅgho

āhuneyyo pāhuneyyo

dakkhiṇeyyo añjalikaraṇīyo

anuttaraṃ puññakkhettaṃ lokassā"ti.

DEVĀRĀDHANĀ

samantā cakkavāḷesu
atrāgacchantu devatā
saddhammaṁ munirājassa
suṇantu saggamokkhadaṁ:

parittassavaṇakālo ayaṁ bhadantā!
parittassavaṇakālo ayaṁ bhadantā!
parittassavaṇakālo ayaṁ bhadantā!

AUSPICIOUS AT ALL TIMES
KARAṆĪYAMETTASUTTAṀ

karaṇīyam-atthakusalena,
yan-taṁ santaṁ padaṁ abhisamecca:
sakko ujū ca sūjū ca,
suvaco cassa mudu anatimānī,

santussako ca subharo ca,
appakicco ca sallahukavutti,
santindriyo ca nipako ca,
appagabbho kulesu ananugiddho,

na ca khuddaṁ samācare kiñci
yena viññū pare upavadeyyuṁ.
"sukhino vā khemino hontu,
sabbe sattā bhavantu sukhitattā!

ye keci pāṇabhūtatthi -
tasā vā thāvarā vā anavasesā,
dīghā vā ye mahantā vā,
majjhimā rassakāṇukathūlā,

diṭṭhā vā ye ca addiṭṭhā,
ye ca dūre vasanti avidūre,
bhūtā vā sambhavesī vā -
sabbe sattā bhavantu sukhitattā!"

na paro paraṁ nikubbetha,
nātimaññetha katthaci naṁ kañci,
byārosanā paṭighasaññā
nāññam-aññassa dukkham-iccheyya.

mātā yathā niyaṁ puttaṁ
āyusā ekaputtam-anurakkhe,
evam-pi sabbabhūtesu
mānasaṁ bhāvaye aparimāṇaṁ,

mettañ-ca sabbalokasmiṁ
mānasaṁ bhāvaye aparimāṇaṁ,
uddhaṁ adho ca tiriyañ-ca,
asambādhaṁ averaṁ asapattaṁ.

tiṭṭhaṁ caraṁ nisinno vā,

sayāno vā yāvatassa vigatamiddho,

etaṁ satiṁ adhiṭṭheyya,

brahmam-etaṁ vihāraṁ idha-m-āhu.

diṭṭhiñ-ca anupagamma,

sīlavā dassanena sampanno,

kāmesu vineyya gedhaṁ,

na hi jātu gabbhaseyyaṁ puna-r-etī ti.

etena saccavajjena

sotthi te hotu sabbadā!

etena saccavajjena

hotu te jayamaṅgalaṁ!

etena saccavajjena

sabbarogo vinassatu!

MAHĀMAṄGALASUTTAṀ

evaṁ me sutaṁ:

ekaṁ samayaṁ bhagavā sāvatthiyaṁ viharati jetavane anāthapiṇḍikassa ārāme. atha kho aññatarā devatā abhikkantāya rattiyā, abhikkantavaṇṇā kevalakappaṁ jetavanaṁ obhāsetvā, yena bhagavā tenupasaṅkami, upasaṅkamitvā bhagavantaṁ abhivādetvā ekam-antaṁ aṭṭhāsi. ekam-antaṁ ṭhitā kho sā devatā bhagavantaṁ gāthāya ajjhabhāsi:

"bahū devā manussā ca
maṅgalāni acintayuṁ
ākaṅkhamānā sotthānaṁ:
brūhi maṅgalam-uttamaṁ."

"asevanā ca bālānaṁ,
paṇḍitānañ-ca sevanā
pūjā ca pūjanīyānaṁ:
etaṁ maṅgalam-uttamaṁ.

paṭirūpadesavāso ca,

pubbe ca katapuññatā
attasammāpaṇidhi ca:
etaṁ maṅgalam-uttamaṁ.

bāhusaccañ-ca sippañ-ca,
vinayo ca susikkhito,
subhāsitā ca yā vācā:
etaṁ maṅgalam-uttamaṁ.

mātāpitu-upaṭṭhānaṁ,
puttadārassa saṅgaho,
anākulā ca kammantā:
etaṁ maṅgalam-uttamaṁ.

dānañ-ca dhammacariyā ca,
ñātakānañ-ca saṅgaho,
anavajjāni kammāni:
etaṁ maṅgalam-uttamaṁ.

ārati virati pāpā,
majjapānā ca saññamo,
appamādo ca dhammesu:

etaṁ maṅgalam-uttamaṁ.

gāravo ca nivāto ca,
santuṭṭhī ca kataññutā,
kālena dhammasavaṇaṁ:
etaṁ maṅgalam-uttamaṁ.

khantī ca sovacassatā,
samaṇānañ-ca dassanaṁ,
kālena dhammasākacchā:
etaṁ maṅgalam-uttamaṁ.

tapo ca brahmacariyañ-ca,
ariyasaccānadassanaṁ,
nibbānasacchikiriyā ca:
etaṁ maṅgalam-uttamaṁ.

phuṭṭhassa lokadhammehi,
cittaṁ yassa na kampati,
asokaṁ virajaṁ khemaṁ:
etaṁ maṅgalam-uttamaṁ.

etādisāni katvāna,

sabbattha-m-aparājitā,

sabbattha sotthiṁ gacchanti:

taṁ tesaṁ maṅgalam-uttaman"-ti.

etena saccavajjena

sotthi te hotu sabbadā!

etena saccavajjena

hotu te jayamaṅgalaṁ!

etena saccavajjena

sabbarogo vinassatu!

RATANASUTTAṀ

yānīdha bhūtāni samāgatāni,
bhummāni vā yāni va antalikkhe,
sabbe va bhūtā sumanā bhavantu,
atho pi sakkacca suṇantu bhāsitaṁ.

tasmā hi bhūtā nisāmetha sabbe,
mettaṁ karotha mānusiyā pajāya,
divā ca ratto ca haranti ye baliṁ,
tasmā hi ne rakkhatha appamattā.

yaṁ kiñci vittaṁ - idha vā huraṁ vā
saggesu vā - yaṁ ratanaṁ paṇītaṁ
na no samaṁ atthi tathāgatena -
idam-pi buddhe ratanaṁ paṇītaṁ:
etena saccena suvatthi hotu!

khayaṁ virāgaṁ amataṁ paṇītaṁ -
yad-ajjhagā sakyamunī samāhito -
na tena dhammena samatthi kiñci -
idam-pi dhamme ratanaṁ paṇītaṁ:

etena saccena suvatthi hotu!

yam-buddhaseṭṭho parivaṇṇayī sucim̐
samādhim-ānantarikañ-ñam-āhu -
samādhinā tena samo na vijjati -
idam-pi dhamme ratanam̐ paṇītam̐:
etena saccena suvatthi hotu!

ye puggalā aṭṭha satam̐ pasatthā -
cattāri etāni yugāni honti -
te dakkhiṇeyyā sugatassa sāvakā,
etesu dinnāni mahapphalāni -
idam-pi saṅghe ratanam̐ paṇītam̐:
etena saccena suvatthi hotu!

ye suppayuttā manasā daḷhena
nikkāmino gotamasāsanamhi -
te pattipattā amatam̐ vigayha -
laddhā mudhā nibbutim̐ bhuñjamānā -
idam-pi saṅghe ratanam̐ paṇītam̐:
etena saccena suvatthi hotu!

yathindakhīlo paṭhaviṁ sito siyā
catubbhi vātehi asampakampiyo,
tathūpamaṁ sappurisaṁ vadāmi,
yo ariyasaccāni avecca passati -
idam-pi saṅghe ratanaṁ paṇītaṁ:
etena saccena suvatthi hotu!

ye ariyasaccāni vibhāvayanti,
gambhīrapaññena sudesitāni,
kiñcāpi te honti bhusappamattā
na te bhavaṁ aṭṭhamaṁ ādiyanti -
idam-pi saṅghe ratanaṁ paṇītaṁ:
etena saccena suvatthi hotu!

sahā vassa dassanasampadāya
tayas su dhammā jahitā bhavanti:
sakkāyadiṭṭhi vicikicchitañ-ca
sīlabbataṁ vā pi yad-atthi kiñci.
catūhapāyehi ca vippamutto,
cha cābhiṭhānāni abhabbo kātuṁ -
idam-pi saṅghe ratanaṁ paṇītaṁ:
etena saccena suvatthi hotu!

kiñcāpi so kammaṁ karoti pāpakaṁ
kāyena vācā uda cetasā vā,
abhabbo so tassa paṭicchādāya:
abhabbatā diṭṭhapadassa vuttā -
idam-pi saṅghe ratanaṁ paṇītaṁ:
etena saccena suvatthi hotu!

vanappagumbe yathā phussitagge
gimhānamāse paṭhamasmiṁ gimhe,
tathūpamaṁ dhammavaraṁ adesayī,
nibbānagāmiṁ paramaṁhitāya -
idam-pi buddhe ratanaṁ paṇītaṁ:
etena saccena suvatthi hotu!

varo varaññū varado varāharo,
anuttaro dhammavaraṁ adesayī -
idam-pi buddhe ratanaṁ paṇītaṁ:
etena saccena suvatthi hotu!

khīṇaṁ purāṇaṁ navaṁ natthi sambhavaṁ,
virattacittā āyatike bhavasmiṁ,
te khīṇabījā avirūḷhicchandā,

nibbanti dhīrā yathāyam-padīpo -
idam-pi saṅghe ratanaṁ paṇītaṁ:
etena saccena suvatthi hotu!

yānīdha bhūtāni samāgatāni,
bhummāni vā yāni va antalikkhe,
tathāgataṁ devamanussapūjitaṁ
buddhaṁ namassāma suvatthi hotu!

yānīdha bhūtāni samāgatāni,
bhummāni vā yāni va antalikkhe,
tathāgataṁ devamanussapūjitaṁ
dhammaṁ namassāma suvatthi hotu!

yānīdha bhūtāni samāgatāni,
bhummāni vā yāni va antalikkhe,
tathāgataṁ devamanussapūjitaṁ
saṅghaṁ namassāma suvatthi hotu!

etena saccavajjena
sotthi te hotu sabbadā!
etena saccavajjena

hotu te jayamaṅgalaṁ!

etena saccavajjena

sabbarogo vinassatu!

DHAMMACAKKAPPAVATTANASUTTAṀ

evaṁ me sutaṁ:

ekaṁ samayaṁ bhagavā bārāṇasiyaṁ viharati isipatane migadāye. tatra kho bhagavā pañcavaggiye bhikkhū āmantesi:

"dveme bhikkhave antā pabbajitena na sevitabbā, yo cāyaṁ: kāmesu kāmasukhallikānuyogo, hīno, gammo, pothujjaniko, anariyo, anatthasaṁhito; yo cāyaṁ: attakilamathānuyogo, dukkho, anariyo, anatthasaṁhito. ete te bhikkhave ubho ante anupagamma, majjhimā paṭipadā tathāgatena abhisambuddhā, cakkhukaraṇī, ñāṇakaraṇī, upasamāya abhiññāya sambodhāya nibbānāya saṁvattati.

katamā ca sā bhikkhave majjhimā paṭipadā, tathāgatena abhisambuddhā, cakkhukaraṇī, ñāṇakaraṇī, upasamāya abhiññāya sambodhāya nibbānāya saṁvattati? ayam-eva ariyo aṭṭhaṅgiko maggo, seyyathīdam:

sammādiṭṭhi, sammāsaṅkappo
sammāvācā, sammākammanto
sammā-ājīvo, sammāvāyāmo
sammāsati, sammāsamādhi.

ayaṁ kho sā bhikkhave majjhimā paṭipadā, tathāgatena abhisambuddhā, cakkhukaraṇī, ñāṇakaraṇī, upasamāya abhiññāya sambodhāya nibbānāya saṁvattati.

idaṁ kho pana bhikkhave dukkhaṁ ariyasaccaṁ: jāti pi dukkhā, jarā pi dukkhā, vyādhi pi dukkho, maraṇam-pi dukkhaṁ, appiyehi sampayogo dukkho, piyehi vippayogo dukkho, yam-picchaṁ na labhati tam-pi dukkhaṁ, saṅkhittena pañcupādānakkhandhā dukkhā. idaṁ kho pana bhikkhave dukkhasamudayaṁ ariyasaccaṁ: yā yaṁ taṇhā ponobhavikā, nandirāgasahagatā, tatratatrābhinandinī, seyyathīdaṁ: kāmataṇhā, bhavataṇhā, vibhavataṇhā.

idaṁ kho pana bhikkhave dukkhanirodhaṁ ariyasaccaṁ: yo tassā yeva taṇhāya asesavirāganirodho -

cāgo, paṭinissaggo, mutti, anālayo.

idaṁ kho pana bhikkhave, dukkhanirodhagāminī paṭipadā ariyasaccaṁ: ayam-eva ariyo aṭṭhaṅgiko maggo, seyyathīdam:

sammādiṭṭhi, sammāsaṅkappo
sammāvācā, sammākammanto
sammā-ājīvo, sammāvāyāmo
sammāsati, sammāsamādhi.

"idaṁ dukkhaṁ ariyasaccan"-ti - me bhikkhave pubbe ananussutesu dhammesu cakkhuṁ udapādi, ñāṇaṁ udapādi, paññā udapādi, vijjā udapādi, āloko udapādi. taṁ kho pan' "idaṁ dukkhaṁ ariyasaccaṁ" pariññeyyan-ti - me bhikkhave pubbe ananussutesu dhammesu cakkhuṁ udapādi, ñāṇaṁ udapādi, paññā udapādi, vijjā udapādi, āloko udapādi.

taṁ kho pan' "idaṁ dukkhaṁ ariyasaccaṁ" pariññātan-ti - me bhikkhave pubbe ananussutesu dhammesu cakkhuṁ udapādi, ñāṇaṁ udapādi, paññā udapādi, vijjā udapādi, āloko udapādi.

“idaṁ dukkhasamudayaṁ ariyasaccan”-ti - me bhikkhave pubbe ananussutesu dhammesu cakkhuṁ udapādi, ñāṇaṁ udapādi, paññā udapādi, vijjā udapādi, āloko udapādi.

taṁ kho pan’ “idaṁ dukkhasamudayaṁ ariyasaccaṁ” pahātabban-ti - me bhikkhave pubbe ananussutesu dhammesu cakkhuṁ udapādi, ñāṇaṁ udapādi, paññā udapādi, vijjā udapādi, āloko udapādi.

taṁ kho pan’ “idaṁ dukkhasamudayaṁ ariyasaccaṁ” pahīnan-ti - me bhikkhave pubbe ananussutesu dhammesu cakkhuṁ udapādi, ñāṇaṁ udapādi, paññā udapādi, vijjā udapādi, āloko udapādi.

“idaṁ dukkhanirodhaṁ ariyasaccan”-ti - me bhikkhave pubbe ananussutesu dhammesu cakkhuṁ udapādi, ñāṇaṁ udapādi, paññā udapādi, vijjā udapādi, āloko udapādi.

taṁ kho pan' "idaṁ dukkhanirodhaṁ ariyasaccaṁ" sacchikātabban-ti - me bhikkhave pubbe ananussutesu dhammesu cakkhuṁ udapādi, ñāṇaṁ udapādi, paññā udapādi, vijjā udapādi, āloko udapādi.

taṁ kho pan' "idaṁ dukkhanirodhaṁ ariyasaccaṁ" sacchikatan-ti - me bhikkhave pubbe ananussutesu dhammesu cakkhuṁ udapādi, ñāṇaṁ udapādi, paññā udapādi, vijjā udapādi, āloko udapādi.

"idaṁ dukkhanirodhagāminī paṭipadā ariyasaccan"-ti - me bhikkhave pubbe ananussutesu dhammesu cakkhuṁ udapādi, ñāṇaṁ udapādi, paññā udapādi, vijjā udapādi, āloko udapādi.

taṁ kho pan' "idaṁ dukkhanirodhagāminī paṭipadā ariyasaccaṁ" bhāvetabban-ti - me bhikkhave pubbe ananussutesu dhammesu cakkhuṁ udapādi, ñāṇaṁ udapādi, paññā udapādi, vijjā udapādi, āloko udapādi.
taṁ kho pan' "idaṁ dukkhanirodhagāminī paṭipadā ariyasaccaṁ" bhāvitan-ti - me bhikkhave pubbe ananussutesu dhammesu cakkhuṁ udapādi, ñāṇaṁ

udapādi, paññā udapādi, vijjā udapādi, āloko udapādi. yāva kīvañ-ca me bhikkhave imesu catusu ariya-saccesu - evaṁ tiparivaṭṭaṁ dvādasākāraṁ - yathābhūtaṁ ñāṇadassanaṁ na suvisuddhaṁ ahosi, neva tāvāhaṁ bhikkhave sadevake loke samārake sabrahmake, sassamaṇabrāhmaṇiyā pajāya sadevamanussāya, anuttaraṁ sammāsambodhiṁ abhisambuddho paccaññāsiṁ.

yato ca kho me bhikkhave imesu catusu ariyasaccesu - evaṁ tiparivaṭṭaṁ dvādasākāraṁ - yathābhūtaṁ ñāṇadassanaṁ suvisuddhaṁ ahosi, athāhaṁ bhikkhave sadevake loke samārake sabrahmake sassamaṇabrāhmaṇiyā pajāya sadevamanussāya, anuttaraṁ sammāsambodhiṁ abhisambuddho paccaññāsiṁ.

ñāṇañ-ca pana me dassanaṁ udapādi: akuppā me cetovimutti, ayam-antimā jāti, natthi dāni punabbhavo" ti. idam-avoca bhagavā, attamanā pañcavaggiyā bhikkhū bhagavato bhāsitaṁ abhinandun-ti. imasmiñ-ca pana veyyākaraṇasmiṁ bhaññamāne, āyasmato koṇḍaññassa virajaṁ, vītamalaṁ, dhammacakkhuṁ udapādi: yaṁ kiñci samudayadhammaṁ, sabban-taṁ nirodhadhamman-ti. pavattite ca pana bhagavatā dhammacakke bhummā devā saddam-anussāvesuṁ: "etaṁ bhagavatā bārāṇasiyaṁ isipatane migadāye, anuttaraṁ dhammacakkaṁ pavattitaṁ, appativattiyaṁ samaṇena vā brāhmaṇena vā devena vā mārena vā brahmunā vā kenaci vā lokasmin"-ti.

bhummānaṁ devānaṁ saddaṁ sutvā cātummahārājikā devā saddam-anussāvesuṁ...

cātummahārājikā devānaṁ saddaṁ sutvā tāvatiṁsā devā saddam-anussāvesuṁ...

tāvatiṁsānaṁ devānaṁ saddaṁ sutvā yāmā devā saddam-anussāvesuṁ...

yāmānaṁ devānaṁ saddaṁ sutvā tusitā devā saddam-anussāvesuṁ...

tusitānaṁ devānaṁ saddaṁ sutvā nimmāṇaratī devā saddam-anussāvesuṁ: nimmāṇaratīnaṁ devānaṁ saddaṁ sutvā paranimmitavasavattino devā saddam-anussāvesuṁ...

paranimmitavasavattīnaṁ devānaṁ saddaṁ sutvā brahmapārisajjā devā saddam-anussāvesuṁ...

brahmapārisajjānaṁ devānaṁ saddaṁ sutvā brahmapurohitā devā saddam-anussāvesuṁ:
"etaṁ bhagavatā bārāṇasiyaṁ isipatane migadāye, anuttaraṁ dhammacakkaṁ pavattitaṁ, appativattiyaṁ samaṇena vā brāhmaṇena vā devena vā mārena vā brahmunā vā kenaci vā lokasmin"-ti.

brahmapurohitānaṁ devānaṁ saddaṁ sutvā mahābrahmā devā saddam-anussāvesuṁ...

mahābrahmānaṁ devānaṁ saddaṁ sutvā parittābhā devā saddam-anussāvesuṁ...

parittābhānaṁ devānaṁ saddaṁ sutvā appamāṇābhā

devā saddam-anussāvesuṁ...

appamāṇābhānaṁ devānaṁ saddaṁ sutvā ābhassarā devā saddam-anussāvesuṁ...

ābhassarānaṁ devānaṁ saddaṁ sutvā parittasubhā devā saddam-anussāvesuṁ...

parittasubhānaṁ devānaṁ saddaṁ sutvā appamāṇasubhā devā saddam-anussāvesuṁ...

appamāṇasubhānaṁ devānaṁ saddaṁ sutvā subhakiṇhakā devā saddam-anussāvesuṁ...

subhakiṇhakānaṁ devānaṁ saddaṁ sutvā vehapphalā devā saddam-anussāvesuṁ...

vehapphalānaṁ devānaṁ saddaṁ sutvā avihā devā saddam-anussāvesuṁ...
avihānaṁ devānaṁ saddaṁ sutvā atappā devā saddam-anussāvesuṁ...

atappānaṁ devānaṁ saddaṁ sutvā sudassā devā saddam-anussāvesuṁ...

sudassānaṁ devānaṁ saddaṁ sutvā sudassī devā saddam-anussāvesuṁ...

sudassīnaṁ devānaṁ saddaṁ sutvā akiṇiṭṭhakā devā saddam-anussāvesuṁ: "etaṁ bhagavatā bārāṇasiyaṁ isipatane migadāye, anuttaraṁ dhammacakkaṁ pavattitaṁ, appativattiyaṁ samaṇena vā brāhmaṇena vā devena vā mārena vā brahmunā vā kenaci vā lokasmin"-ti.

iti ha tena khaṇena tena muhuttena, yāva brahmalokā saddo abbhuggañchi, ayañ-ca dasasahassī lokadhātu saṅkampi, sampakampi, sampavedhi, appamāṇo ca uḷāro obhāso loke pātur-ahosi, atikkamma devānaṁ devānubhāvan-ti. atha kho bhagavā udānaṁ udānesi: "aññāsi vata bho koṇḍañño, aññāsi vata bho koṇḍañño" ti.

iti hidaṁ āyasmato koṇḍaññassa aññā koṇḍañño tveva

nāmaṁ ahosī ti.

etena saccavajjena

sotthi te hotu sabbadā!

etena saccavajjena

hotu te jayamaṅgalaṁ!

etena saccavajjena

sabbarogo vinassatu!

IN TIMES OF ILLNESS

MAHĀKASSAPATTHERABOJJHAṄGAṀ

evaṁ me sutaṁ:

ekaṁ samayaṁ bhagavā rājagahe viharati veḷuvane kalandakanivāpe. tena kho pana samayena āyasmā mahākassapo pipphalīguhāyaṁ viharati, ābādhiko dukkhito bāḷhagilāno. atha kho bhagavā sāyanhasamayaṁ patisallānā vuṭṭhito, yenāyasmā mahākassapo tenupasaṅkami, upasaṅkamitvā paññatte āsane nisīdi. nisajja kho bhagavā āyasmantaṁ mahākassapaṁ etad-avoca:

"kacci te kassapa khamanīyaṁ? kacci yāpanīyaṁ? kacci dukkhā vedanā paṭikkamanti no abhikkamanti? paṭikkamosānaṁ paññāyati no abhikkamo?" ti

"na me bhante khamanīyaṁ na yāpanīyaṁ, bāḷhā me dukkhā vedanā abhikkamanti no paṭikkamanti, abhikkamosānaṁ paññāyati no paṭikkamo" ti.

"sattime kassapa bojjhaṅgā mayā sammad-akkhātā, bhāvitā bahulīkatā abhiññāya sambodhāya nibbānāya saṁvattanti. katame satta?

satisambojjhaṅgo kho kassapa mayā sammad-akkhāto, bhāvito bahulīkato abhiññāya sambodhāya nibbānāya saṁvattati.

dhammavicayasambojjhaṅgo kho kassapa mayā sammad-akkhāto, bhāvito bahulīkato abhiññāya sambodhāya nibbānāya saṁvattati.
viriyasambojjhaṅgo kho kassapa mayā sammad-akkhāto, bhāvito bahulīkato
abhiññāya sambodhāya nibbānāya saṁvattati.
pītisambojjhaṅgo kho kassapa mayā sammad-akkhāto, bhāvito bahulīkato abhiññāya sambodhāya nibbānāya saṁvattati.

passaddhisambojjhaṅgo kho kassapa mayā sammad-akkhāto, bhāvito bahulīkato abhiññāya sambodhāya nibbānāya saṁvattati.

samādhisambojjhaṅgo kho kassapa mayā sammad-akkhāto, bhāvito bahulīkato abhiññāya sambodhāya nibbānāya saṁvattati.

upekkhāsambojjhaṅgo kho kassapa mayā sammad-akkhāto, bhāvito bahulīkato abhiññāya sambodhāya nibbānāya saṁvattati.

ime kho kassapa satta bojjhaṅgā mayā sammad-akkhātā, bhāvitā bahulīkatā abhiññāya sambodhāya nibbānāya saṁvattantī" ti. "taggha bhagava bojjhaṅgā! taggha sugata bojjhaṅgā!" ti.

idam-avoca bhagavā, attamano āyasmā mahākassapo bhagavato bhāsitaṁ abhinandi, vuṭṭhāhi cāyasmā mahākassapo tamhā ābādhā, tathā pahīno cāyasmato mahākassapassa so ābādho ahosī ti.

etena saccavajjena
sotthi te hotu sabbadā!
etena saccavajjena
hotu te jayamaṅgalaṁ!
etena saccavajjena
sabbarogo vinassatu!

MAHĀMOGGALLĀNATTHERABOJJHAṄGAṀ

evaṁ me sutaṁ:

ekaṁ samayaṁ bhagavā rājagahe viharati veḷuvane kalandakanivāpe. tena kho pana samayena āyasmā mahāmoggallāno Gijjhakūṭe pabbate viharati, ābādhiko dukkhito bāḷhagilāno. atha kho bhagavā sāyanhasamayaṁ patisallānā vuṭṭhito, yenāyasmā mahāmoggallāno tenupasaṅkami, upasaṅkamitvā paññatte āsane nisīdi. nisajja kho bhagavā āyasmantaṁ mahāmoggallānaṁ etad-avoca:

"kacci te moggallāna khamanīyaṁ? kacci yāpanīyaṁ? kacci dukkhā vedanā paṭikkamanti no abhikkamanti? paṭikkamosānaṁ paññāyati no abhikkamo?" ti

"na me bhante khamanīyaṁ na yāpanīyaṁ, bāḷhā me dukkhā vedanā abhikkamanti no paṭikkamanti, abhikkamosānaṁ paññāyati no paṭikkamo" ti.

"sattime moggallāna bojjhaṅgā mayā sammad-akkhātā, bhāvitā bahulīkatā abhiññāya sambodhāya nibbānāya saṁvattanti. katame satta?

satisambojjhaṅgo kho moggallāna mayā sammad-akkhāto, bhāvito bahulīkato abhiññāya sambodhāya nibbānāya saṁvattati.

dhammavicayasambojjhaṅgo kho moggallāna mayā sammad-akkhāto, bhāvito bahulīkato abhiññāya sambodhāya nibbānāya saṁvattati.

viriyasambojjhaṅgo kho moggallāna mayā sammad-akkhāto, bhāvito bahulīkato abhiññāya sambodhāya nibbānāya saṁvattati.

pītisambojjhaṅgo kho moggallāna mayā sammad-akkhāto, bhāvito bahulīkato abhiññāya sambodhāya nibbānāya saṁvattati.

passaddhisambojjhaṅgo kho moggallāna mayā sammad-akkhāto, bhāvito bahulīkato abhiññāya sambodhāya nibbānāya saṁvattati.

samādhisambojjhaṅgo kho moggallāna mayā sammad-akkhāto, bhāvito bahulīkato abhiññāya sambodhāya nibbānāya saṁvattati.

upekkhāsambojjhaṅgo kho moggallāna mayā sammad-akkhāto, bhāvito bahulīkato abhiññāya sambodhāya nibbānāya saṁvattati.

ime kho moggallāna satta bojjhaṅgā mayā sammad-akkhātā, bhāvitā bahulīkatā abhiññāya sambodhāya nibbānāya saṁvattantī" ti. "taggha bhagava bojjhaṅgā! taggha sugata bojjhaṅgā!" ti.

idam-avoca bhagavā, attamano āyasmā mahāmoggallāno bhagavato bhāsitaṁ abhinandi, vuṭṭhāhi cāyasmā mahāmoggallāno tamhā ābādhā, tathā pahīno cāyasmato mahāmoggallānassa so ābādho ahosī ti.

etena saccavajjena
sotthi te hotu sabbadā!
etena saccavajjena
hotu te jayamaṅgalaṁ!
etena saccavajjena
sabbarogo vinassatu!

MAHĀCUNDATTHERABOJJHAṄGAṀ

evaṁ me sutaṁ:

ekaṁ samayaṁ bhagavā rājagahe viharati veḷuvane kalandakanivāpe. tena kho pana samayena bhagavā ābādhiko hoti dukkhito bāḷhagilāno. atha kho āyasmā mahācundo sāyanhasamayaṁ patisallānā vuṭṭhito, yena bhagavā tenupasaṅkami, upasaṅkamitvā bhagavantaṁ abhivādetvā, ekam-antaṁ nisīdi.

ekam-antaṁ nissinaṁ kho āyasmantaṁ mahācundaṁ bhagavā etad-avoca: "paṭibhantu taṁ cunda bojjhaṅgā" ti.

"sattime bhante bojjhaṅgā bhagavatā sammad-akkhātā, bhāvitā bahulīkatā abhiññāya sambodhāya nibbānāya saṁvattanti. katame satta?

satisambojjhaṅgo kho bhante bhagavatā sammad-akkhāto, bhāvito bahulīkato abhiññāya sambodhāya nibbānāya saṁvattati.

dhammavicayasambojjhaṅgo kho bhante bhagavatā sammad-akkhāto, bhāvito bahulīkato abhiññāya sambodhāya nibbānāya saṁvattati.

viriyasambojjhaṅgo kho bhante bhagavatā sammad-akkhāto, bhāvito bahulīkato abhiññāya sambodhāya nibbānāya saṁvattati.

pītisambojjhaṅgo kho bhante bhagavatā sammad-akkhāto, bhāvito bahulīkato abhiññāya sambodhāya nibbānāya saṁvattati.

passaddhisambojjhaṅgo kho bhante bhagavatā sammad-akkhāto, bhāvito bahulīkato abhiññāya sambodhāya nibbānāya saṁvattati.

samādhisambojjhaṅgo kho bhante bhagavatā sammad-akkhāto, bhāvito bahulīkato abhiññāya sambodhāya nibbānāya saṁvattati.

upekkhāsambojjhaṅgo kho bhante bhagavatā sammad-akkhāto, bhāvito bahulīkato abhiññāya sambodhāya nibbānāya saṁvattati.

ime kho bhante satta bojjhaṅgā bhagavatā sammad-akkhātā, bhāvitā bahulīkatā abhiññāya sambodhāya nibbānāya saṁvattantī" ti.

"taggha cunda bojjhaṅgā! taggha cunda bojjhaṅgā!" ti. idam-avoca āyasmā mahācundo, samanuñño satthā ahosi, vuṭṭhāhi ca bhagavā tamhā ābādhā, tathā pahīno ca bhagavato so ābādho ahosī ti.

etena saccavajjena
sotthi te hotu sabbadā!
etena saccavajjena
hotu te jayamaṅgalaṁ!
etena saccavajjena
sabbarogo vinassatu!

DURING PREGNANCY

AṄGULIMĀLAPARITTAṀ

parittaṁ yaṁ bhaṇantassa,
nisinnaṭṭhānadhovanaṁ
udakam-pi vināseti,
sabbam-eva parissayaṁ,

"sotthinā gabbhavuṭṭhānaṁ,
yaṁ ca sādheti taṁ bhaṇe,"

therassaṅgulimālassa,
lokanāthena bhāsitaṁ.
kappaṭṭhāyimahātejaṁ,
parittaṁ taṁ bhaṇāmahe:

yatohaṁ bhagini ariyāya jātiyā jāto nābhijānāmi sañcicca pāṇaṁ jīvitā voropetā, tena saccena sotthi te hotu sotthi gabbhassā ti.

OFFERINGS

CETIYA VANDANĀ

Vandāmi cetiyaṃ sabbaṃ
sabba-ṭhānesu patiṭṭhitaṃ
Sārīrika-dhātu-mahābodhiṃ
buddharūpaṃ sakalaṃ sadā.

PADĪPA PŪJĀ

Ghanasārappadittena
dīpena tamadhaṃsinā
Tiloka–dīpaṃ sambuddhaṃ
pūjayāmi tamonudaṃ.

SUGANDHA PŪJĀ

Gandha-sambhāra-yuttena
dhūpenāhaṃ sugandhinā
Pūjaye pūjaneyyaṃ taṃ
pūjābhājanamuttamaṃ.

PUPPHA PŪJĀ

Vaṇṇa-gandha-guṇopetaṃ
etaṃ kusuma-santatiṃ
Pūjayāmi munindassa
siripāda-saroruhe.
Pūjemi buddhaṃ-kusumenanena
puññena-metena ca hotu mokkhaṃ
Pupphaṃ milāyāti yathā idaṃ me
kāyo tathā yāti vināsa-bhāvaṃ.

CLOSING

AṬṬHAVĪSATIPARITTAṀ

taṇhaṅkaro mahāvīro,
medhaṅkaro mahāyaso,
saraṇaṅkaro lokahito,
dīpaṅkaro jutindharo,

koṇḍañño janapāmokkho,
maṅgalo purisāsabho,
sumano sumano dhīro,
revato rativaddhano,

sobhito guṇasampanno,
anomadassī januttamo,
padumo lokapajjoto,
nārado varasārathī,

padumuttaro sattasāro,
sumedho aggapuggalo,
sujāto sabbalokaggo,
piyadassī narāsabho,

atthadassī kāruṇiko,
dhammadassī tamonudo,
siddhattho asamo loke,
tisso varadasaṁvaro,

phusso varadasambuddho,
vipassī ca anūpamo,
sikhī sabbahito satthā,
vessabhū sukhadāyako,

kakusandho satthavāho,
koṇāgamano raṇañjaho,
kassapo sirisampanno,
gotamo sakyapuṅgavo.

tesaṁ saccena sīlena,
khantimettabalena ca,
te pi tvaṁ anurakkhantu
ārogyena sukhena cā! ti

MAHĀJAYAMAṄGALAGĀTHĀ

mahākāruṇiko nātho,
hitāya sabbapāṇinaṁ,
pūretvā pāramī sabbā
patto sambodhim-uttamaṁ.
etena saccavajjena
hotu te jayamaṅgalaṁ!

jayanto bodhiyā mūle
sakyānaṁ nandivaddhano
evaṁ tuyhaṁ jayo hotu,
jayassu jayamaṅgalaṁ!

sakkatvā buddharatanaṁ,
osadhaṁ uttamaṁ varaṁ,
hitaṁ devamanussānaṁ,
buddhatejena sotthinā
nassantupaddavā sabbe,
dukkhā vūpasamentu te!

sakkatvā dhammaratanaṁ,

osadhaṁ uttamaṁ varaṁ,
pariḷāhūpasamanaṁ,
dhammatejena sotthinā
nassantupaddavā sabbe,
bhayā vūpasamentu te!

sakkatvā saṅgharatanaṁ,
osadhaṁ uttamaṁ varaṁ,
āhuneyyaṁ pāhuneyyaṁ,
saṅghatejena sotthinā
nassantupaddavā sabbe,
rogā vūpasamentu te!

yaṁ kiñci ratanaṁ loke
vijjati vividhā puthū
ratanaṁ buddhasamaṁ natthi:
tasmā sotthī bhavantu te!

yaṁ kiñci ratanaṁ loke
vijjati vividhā puthū
ratanaṁ dhammasamaṁ natthi:
tasmā sotthī bhavantu te!

yaṁ kiñci ratanaṁ loke
vijjati vividhā puthū
ratanaṁ saṅghasamaṁ natthi:
tasmā sotthī bhavantu te!

natthi me saraṇaṁ aññaṁ,
buddho me saraṇaṁ varaṁ!
etena saccavajjena
hotu te jayamaṅgalaṁ!

natthi me saraṇaṁ aññaṁ,
dhammo me saraṇaṁ varaṁ!
etena saccavajjena
hotu te jayamaṅgalaṁ!

natthi me saraṇaṁ aññaṁ,
saṅgho me saraṇaṁ varaṁ!
etena saccavajjena
hotu te jayamaṅgalaṁ!

SOTTHIVĀDĀ

sabbītiyo vivajjantu
sabbarogo vinassatu,
mā te bhavatvantarāyo,
sukhī dīghāyuko bhava!

bhavatu sabbamaṅgalaṁ,
rakkhantu sabbadevatā,
sabbabuddhānubhāvena
sadā sotthī bhavantu te!

bhavatu sabbamaṅgalaṁ,
rakkhantu sabbadevatā,
sabbadhammānubhāvena
sadā sotthī bhavantu te!

bhavatu sabbamaṅgalaṁ,
rakkhantu sabbadevatā,
sabbasaṅghānubhāvena
sadā sotthī bhavantu te!

nakkhattayakkhabhūtānaṁ,
pāpaggahanivāraṇā,
parittassānubhāvena
hantu tesaṁ upaddave!

dukkhappattā ca niddukkhā,
bhayappattā ca nibbhayā,
sokappattā ca nissokā
hontu sabbe pi pāṇino!

dānaṁ dadantu saddhāya,
sīlaṁ rakkhantu sabbadā,
bhāvanābhiratā hontu,
gacchantu devatāgatā.

sabbe buddhā balappattā,
paccekānañ-ca yaṁ balaṁ
arahantānañ-ca tejena
rakkhaṁ bandhāma sabbaso!

ākāsaṭṭhā ca bhummaṭṭhā
devā nāgā mahiddhikā,

puññaṁ taṁ anumoditvā
ciraṁ rakkhantu sāsanaṁ!

ākāsaṭṭhā ca bhummaṭṭhā
devā nāgā mahiddhikā,
puññaṁ taṁ anumoditvā
ciraṁ rakkhantu desanaṁ!

ākāsaṭṭhā ca bhummaṭṭhā
devā nāgā mahiddhikā,
puññaṁ taṁ anumoditvā
ciraṁ rakkhantu maṁ paran-ti

idaṁ me ñātīnaṁ hotu,
sukhitā hontu ñātayo!
sukhitā hontu ñātayo!
sukhitā hontu ñātayo!

devo vassatu kālena,
sabbasampatti hetu ca,
phīto bhavatu loko ca,
rājā bhavatu dhammiko!

ANUMODĀNA

Ākāsaṭṭhā ca bhummaṭṭhā
devā nāgā mahiddhikā
Puññaṃ taṃ anumoditvā
ciraṃ rakkhantu sāsanaṃ.
Ākāsaṭṭhā ca bhummaṭṭhā
devā nāgā mahiddhikā
Puññaṃ taṃ anumoditvā
ciraṃ rakkhantu desanaṃ.
Ākāsaṭṭhā ca bhummaṭṭhā
devā nāgā mahiddhikā
Puññaṃ taṃ anumoditvā
ciraṃ rakkhantu maṃ paran"ti.

PATTI DĀNA

Idaṃ me ñātīnaṃ hotu

sukhitā hontu ñātayo.

KHAMĀ YĀCANĀ

Kāyena vācā cittena
pamādena mayā kataṃ
Accayaṃ khama me bhante
Bhūripañña tathāgata.
Kāyena vācā cittena
pamādena mayā kataṃ
Accayaṃ khama me dhamma
Sandiṭṭhika akālika.
Kāyena vācā cittena
pamādena mayā kataṃ
Accayaṃ khama me saṅgha
Puññakkhetta anuttara.

PATTHANĀ

Iminā puñña-kammena
Mā me bāla-samāgamo
Sataṃ samāgamo hotu
Yāva Nibbāna-pattiyā.

Also Available from JiaHu Books

A Burmese Reader - Annotated Selections from the Sudhammacari - 9781909669086

Bhagavad Gita (Sanskrit) – 9781909669178

Recognition of Sakuntala (Sanskrit) 9781909669192

I Ching (Chinese) – 9781909669383

Tao Te Ching (Chinese) -9781784350055

Truyện Kiều (Vietnamese) - 9781784350185

www.ingramcontent.com/pod-product-compliance
Lightning Source LLC
Chambersburg PA
CBHW031427040426
42444CB00006B/719
9781784350215